나는
꿈을 꾸지
않는다

윤덕 시집

나는
꿈을 꾸지
않는다

271 · 문학공간시선

시인의 말

　첫 시집 『바람 친구 되어』를 발표하고 거의 7년 만에 시집을 낸다. 오랜 시간을 하얀 여백 속에서 겉돌았지만 사람들과 더불어 살아가는 동안 고달픈 삶의 단면을 많이도 보았다. 또한 그 무리 속의 내 자신 너무나 하찮은 존재였다.
　시간의 행과 행 사이를 걸어가는 동안 흰머리는 부쩍 늘어가고 내가 걸어가는 길에 대하여 반문해야 했다. 어떤 등짐을 지고 어디로 가고 있는지를 알아야 했다.

　어머니 자궁 문門을 열고 세상에 나와 사람들이 자신의 삶을 물질하는 순간순간 바라보며 물을[問] 것도 많았고 들은[聞] 것도 많았다.

　땅속에서 갓 캐낸 다듬어지지 않은 뿌리이다 아

직 나는, 하루를 이끌어 가는 작업장에서 시는 옹이 많은 나를 다듬어 내는 대패질, 또 다른 괴목으로 태어나기에는 탱글탱글한 햇발을 다듬어야 하고 선명한 나이테를 새겨야 하는, 오늘도 시간이라는 무딘 끌로 둥치에다 몇 개의 귀를 새기곤 길을 지나며 살아 있는 것들의 체액 빠져나가는 소리를 듣는다.

  나란히 길을 걸어가다 어느 갈림길에서 서로 다른 길을 걸어갈지라도 한 영혼이 벗어던지는 허물일지도 모르는, 내 마음의 문 여닫는 소리가 작은 쉼터라도 되었으면 하는 마음으로 두 번째 시집을 길가에 조용히 펼친다. 나는 살아가며 만난 사람들의 웃음과 울음이 진정으로 가슴으로 파고들 때 그 울림 자체가 시라고 생각한다.
  앞으로도 새로운 울림과 끝까지 동행하고 싶으며 그리고 늘 같이 하는 사람들에게 감사하는 마음을 전하고 싶다.
  살아 있어 느끼는 전율, 그 자체가 행복 아니겠는가 싶은 생각을 적으며 오늘도 한 계절의 끄트머리로 달려간다.

2013년 10월에
윤 덕

윤 덕 시집 나는 꿈을 꾸지 않는다

□ 시인의 말
□ 해설 | 양 곡_113

제1부 시간의 외도

의자 ── 13
동굴에서 ── 14
전각기호 ── 15
시간의 외도 ── 16
콜로세움 ── 18
섬 ── 19
애매미 허물 ── 20
고소공포증 ── 22
탁자 ── 23
X─레이 ── 25
빗소리 ── 26
나무의 이명 ── 27
핸드폰에서 사라진 박새 ── 28
순간 ── 29
어떤 대문 ── 30
뒤란 ── 31
황지潢池 ── 33

나는 꿈을 꾸지 않는다　　　　　　　　　　윤 덕 시집

제2부 낡은 지붕

37 ──── 낡은 지붕
38 ──── 강江
39 ──── 이른 봄에
41 ──── 덩굴손
42 ──── 개구리
43 ──── 찔레꽃
44 ──── 포자
45 ──── 뿌리
46 ──── 그 여자
47 ──── 알
48 ──── 칡넝쿨
49 ──── 개미
50 ──── 수선화, 꽃대를 불다
52 ──── 벚꽃놀이
54 ──── 땅강아지

윤 덕 시집 　　　　　　　　　**나는 꿈을 꾸지 않는다**
　　　　　　　　　　　　　　　　차 례

제3부 나는 꿈을 꾸지 않는다

겨울 담쟁이 —— 57
보풀을 태우며 —— 58
겨울 밭에서 —— 60
창자 안을 들여다보며 —— 61
검은 오후 —— 63
절리 —— 65
아나콘다 —— 66
달맞이꽃 —— 68
파리똥 —— 69
연흔漣痕 —— 70
가면극 —— 72
나는 꿈을 꾸지 않는다 —— 74
고목 —— 75
덧칠 —— 77
알을 꺼내며 —— 79
어탕댁 —— 80
낙원 —— 81

나는 꿈을 꾸지 않는다   윤 덕 시집

제4부 망상가의 하루

85 ── 옹이
86 ── 꽃
88 ── 망상가의 하루
90 ── 내시경
91 ── 이방인
93 ── 신 처용가
95 ── 흑백사진
97 ── 검은 자갈
98 ── 불면
100 ── 핵가족
101 ── 판도라 상자
103 ── 엘리베이터
105 ── 벽시계
106 ── 문門
107 ── 태양의 눈물
109 ── 그림자극
110 ── 중산리에서

제1부 시간의 외도

의자

　분리수거장 의자 하나 걸쩍거리는 흉물처럼 나앉아 있다
　안치된 기억조차 받들기 힘들었는지 왼쪽 어깨가 어눌하다

　무지로 두드러기 일어 갈증 난 도회지
　어느 이들에겐 가르침을 주고
　나약한 자들에겐 희망 주었을
　때론 누군가 아름다운 언약 나누고 이별 고했을 자리

　쓸쓸하다, 여기 잠시 머물다 떠나고 나면
　내 앉았던 자리
　혹 안중에도 없는 그림자 되어 삭은 낙엽처럼 나뒹굴는지

　삐거덕거리며 쓰러져 가는 의자 밑으로 지렁이 한 마리 기어간다
　한생애의 흔적 같은 끈적끈적한 타액을 흘리며

동굴에서

까아만 동굴 들어서고 있다
아니 어머니 자궁 같은 곳을 걸어가고 있다
태어나기 전 자궁벽에 무수히 그려진
벽화 속으로 들어가
내가 겪지 못한 세상을 들여다보고 있다
한 번씩 자궁 속을 헤매면
자궁벽 뒤틀리는 소리 진동한다
사랑과 이별 밤하늘 유성처럼 떨어지고
진리와 아이러니로 난무하는 지구 한 모퉁이
누군가 말없이 살다간 노정처럼
어둠과 빛이 어우러져 빚어내는 영상들
나를 이끌던 동굴을 나서면
더위에 찌든 무명 배우 하나
햇발 뚝뚝 떨어진 동굴 입구에서도 열연 중이다
세상사 같은 동전 몇 닢 나뒹구는 바구니
입장권 대신 누린내 나는 꼬깃꼬깃한
지폐 한 장 던지곤
엎드려 있는 그의 동굴로 들어가
가난한 전위예술을 본다

전각기호

별똥별에서 온 사내 두 평 남짓한 베란다에서 벌이는
파이프라인 연주
우우, 해거름 가르는 금속성 굉음 풀어낼 수 없는
전각기호이다

불알이 떨어졌다 부러진 꽃모가지,

부르짖는 외로운 노래,

뇌리로 걸어 들어오는
한 영혼 앞에 소리의 파장을 물질하지 않는 나는
자연의 섭리를 저버린 이단교도였다

길에서 길을 물을 수 없는

낡은 기억 속에 산화된 다이어리를 펼치곤
강아지 전생을 더듬더듬 풀어내고 있다

시간의 외도

　무형의 잔을 건네며 울컥 토해 놓은 발자국 묵정밭처럼 놓여 있다

　도심을 밝히던 가로등 불빛 하늘에 별이 되지 못하고
　강물에 떨어져 물꽃으로 피는 일은 얼마나 슬픈 일이냐고

　부스스한 조화가 주검처럼 실려 오고
　고등어 눈알이 곰삭은 갯내 토해 내는 뒷골목
　우우,
　바람 몰려드는 새벽을 비질하는 청소차
　진득한 물꽃을 잔술로 마시며 무심코 바라보고 앉았다

　까칠한 맨발로 하루를 헤집는 일이란
　뭉개진 숟가락으로 풀어낸 부대찌개 같은 거라며
　새벽별 바라보며 시간의 소용돌이 휘말리는 동안
　남강은 바닷물 만나 몇 번을 수태했을까

어둠을 뚫고 별들에게 하염없이 하루를 토해 내는 신무림제지 공장 굴뚝을 본다, 모두 빠져나간 내 입언저리 같은

콜로세움

모래밭에 굴러다니는 큰 눈망울
봄볕에 그을린 슬픔을 삭이는 동안
별 여력도 없는 노쇠한 전사들 속에서
머리채를 관통한 끈끈한 기억을 되새김질했다
방천이나 언덕배기에 박혀 있던
무뎌진 뿔
한낮 도시를 쿡쿡 들이박고
흔들리는 진주성
하늘에 둥둥 떠다니는
태양을 막베먹으려는 발길질
나른한 하루 정형을 깬다
로마 전사들 눈빛이 저토록 치열했을까
들판 가득 헉헉거리는 숨소리에 지폐를 묻는
연대기를 알 수 없는 망각의 시간들
늙은 메아리,
희뿌연 동공에서 모래 바람처럼 풀풀 일고 있는
늙은 갑각류 등짝에서 떨어지는 비늘더미이다

섬

손금 안에 일렁이는,
요동치던 봄 섣불리 생갈이하다 솟은 다도해이다

갈증 이는 섬이다,

손 안에는 섬이 붉게 울고 있다
울음이 검은 화석처럼 박혀 있다

일구다 남은 밭뙈기에도 섬이 솟는다
두더지가 핥다 성 밖으로 밀어낸 조개 무덤
갯벌을 할퀴던 해풍 속에 얼마나 많은 물집 터뜨리며
이 산자락에 묻혔을까

꼼지락거리는 씨앗 군데군데 솟는 능선 헤집으며
꽃 피워 내려 거무스름한 자국 얼마나 박힐는지

봄비 토닥토닥 물집을 짓는 밤
자개농 반들거리는 골골에 빈 몸뚱어리 핥고 있는
조개 혓바닥을 보았다

혓바닥에도 검은 섬이 솟는다

애매미 허물

 햇살 알알이 박힌 흙살 헤집던 한 쪽 날개 잃은 암매미들
 정자나무에 옹기종기 눌어붙어 검버섯 터지는 단내를 감지하고 있다

 말복나절 두루미 떼 물의 기원을 찾아 다랑이논을 하염없이 파헤치듯
 흐릿해진 홑눈으로 세상을 뒤적이고 있다

 강둑 앞섶을 풀어헤치던 붉은 강물의 기갈과 관절을 우려내던 쇳물팍 처방전
 정분난 봄날 치다꺼리를 질펀하게 풀어놓는 실타래로
 더위에 늘어진 매미처럼 목을 헹궈 낸다

 윙윙,
 허공을 갉아먹는 소리에 애매미 허물 같은 보청기로 주파수를 맞춰 보는
 검버섯 생겨난 이력들

시간의 올 하나씩 풀릴 때마다 허한 동공에 말라붙은 눈물샘이다
　구멍 난 삼베 적삼에 뿌리내린 시간의 포자이다

고소공포증

안개 속에 거미가 보이지 않는 줄을 잡고 미끄러진다 외줄타기를 한다 아파트 벽에서 미끄러질 때마다 땅 끄트머리로 추락하는 내 심장을 먹이처럼 낚아챈다 부대끼며 오르던 필봉산 산행 길 같다 심장에서 새끼 거미가 꿈틀거리며 기어 나온다 허공에다 거미줄을 친다 간밤 빗방울이 걸리고 지구 반쪽이 걸리고 반쪽을 향해 날아가던 잠자리가 걸린다 땅바닥으로 곤두박질치다 거미줄에 툭 걸리는 날갯짓, 순간 멎는다 어지럼증 이는 사이 새끼들이 잠자리를 갉아먹는다 거미줄에 매달린 심장이 돌돌 말리고 있다 벽이 바람에 일렁인다 아파트 그림자 귀퉁이가 떨어져 하얀 장막에 툭 걸린다

대롱대롱, 베란다 핀 들꽃이 아침 햇살에 경기를 하고 있다

탁자

  햇발 야윈 골목에서 낡아 빠진 지적도를 읽는다

  자갈길 걸어오며 시름 태우던 담배 자국
  막걸리 찌든 노래 한 토막
  씨부렁거리다만 얘기들 박제된 물고기마냥 헤엄치고 있는
  결을 훑는다

  끊임없이 흘렀을,

  땀내 절은 계절의 목판화이다

  어린 가지 늙은 근육으로 뒤틀어져 나이테로 흘러내리는 시간을 누가 헤아리랴
  세상 부라리다 빠져나간 옹이 설움을 어찌 아랴

  해묵은 내력 앞에 얼금얼금한 하늘 떠받치던 다리가 뒤틀리고
  내력을 훑던 내 목젖이 동동주잔에 툼벙거리는
  탄저병 걸린 시간들

탯줄처럼 잘려 나가 허물어지는 나이테 위로
 내려앉는 별빛도, 박제된 양 가들가들 말라붙어
있다

X—레이

열두 달 굳게 닫힌
날숨 들숨 지퍼에 끼인 잠바 열고 거푸집을 걸었다
거짓말탐지기 위에

음각과 양각으로 아로새겨진 동굴이다
사십대 막 탈바꿈한 허물이다

걸어온 하루 엔진 소리 갈갈거리는
기름때 묻은 부품들
낡은 폐선을 탄 것처럼 멀미가 난다
방향키 염분에 굳어 있는
닳고 닳은 하얀 족적 두 개
내가 만든 데칼코마니 작품이다

빗소리

이른 새벽
아내는 묵묵히 불심을 지핀다
목탁 소리처럼 떨어지는 빗소리
살아온 날들 회한을 허물고
주춧돌 위 우둔한 나를 가두고는
원을 그리며 떨어진다
바짓가랑이에 촉촉이 젖어 오는 빗물처럼
번뇌에 잠긴 나를 허공에 내어 놓고
아내는 바람을 재우며
무엇을 빌었을까
묵은 책장 먼지 같은 삶을 뒤적이며
무얼 비우려 했을까
흐르는 시간 정적에 휩싸인
이파리 하나 꿈쩍 않는
음력 초하루 아침
아내는 처마 끝에 매달린 목어가 되고
나는 울지 못하는 한 마리 새가 된다

나무의 이명
—상담일지

한 그루 금목서* 매미로 살았다 하루는,
끈끈한 진액을 핥다가 달콤한 향기 취해
반나절 잠도 들었다
해거름이면 가슴 헤집는 이야길 들으며
매끄러운 살갗을 탐닉했다
애무하던 몸뚱어리엔 거친 옹이도 많았다
옹이 빠진 시커먼 굴에는 깊은 강이 흘렀다
콸콸 넘치다가 마른 강바닥이 드러나기도 하였다
바닥에는 닳은 모녀상이 파묻혀 있었다
모녀상 안으로 물이 점점 차오르고 있었다
눈물 꽃이었다
핥고 지난 바람의 등에도
암술도 수술도 없는 꽃이 피었다
옹이에 새 살이 차오르는 동안
나무를 떠날 때까지 목청껏 울었다

벗어 놓은 허물에서도 이명이 들려온다

※금목서: 물푸레나뭇과의 상록수로 가지는 연한 회갈색이고
 잎은 둥글고 단내가 난다.

핸드폰에서 사라진 박새

쑥부쟁이 머리 위로 날리는 하얀 영혼들

동네 늙은 박새가 하얀 틀니를 헛간에서 가끔 찾기도 하고 하얀 대나무 꽃이 핀 그늘에서 선덕여왕 잠자릴 보았다고도 하고 어떤 놈이 선조 묏자릴 팔아먹고 부자가 되었다는 소리가 들리기도 하고 길에서 복권을 주웠다는 친구가 술을 사기도 하고 으깨어진 청설모 위로 지나는 관광버스를 괜스레 헤아리기도 하고 말띠고개 인형장수 하루치 품삯을 궁금해하는 실직자 이야기에 빠지기도 하고 아내가 삼만 원짜리 화대를 줘본 적이 있느냐고 물어오기도 하고 병원에 누워 있던 젊은 박새가 전어 맛이 들었느냐며 묻기도 하는

일식이 일어난 것처럼 짧은 낮잠을 잔 이후로 젊은 박새 울음을 들은 적이 없다

순간

섧다 오늘 아침은,

아무도 오지 않는 순간
빈 바닥에 걸려
드라이플라워가 되어 가는 그대를 두고
수분이 빠져나가는 양만큼
밥숟갈을 들면서
돼지비계가 내 살에 불어나는 것을 느끼면서
사흘 밖에 안 되는 짬을 내어
기억의 천장에 밴 쥐 오줌자국을 지운다

어떤 대문

 중앙로터리 모퉁이 과일가게 앞 할머니 속곳 대문을 연다 저 낡은 집에는 애환과 인내의 숨결 얼마나 많은 실타래로 얽어져 있을까 예까지 나를 끌고 온 삶의 한 자락을 보는 것 같다 빨간 대문을 열고 나와 노상에 흩어진 기억을 주섬주섬 주워 본다 제 어미보다 먼저 떠난 아들놈 노잣돈도, 손자 전세금도 거기서 흘러나왔을, 주름이 또 붉은 주름으로 접히고 낡은 대문 위로 지난 기억 몇 가닥 넝쿨을 뻗고 있다

 닳은 대문 소리가 주머니 안에서 삐걱거린다

뒤란

　마디 굵은 손
　살아 있는 물메기 배를 가르고 들어간다
　살갗 밑으로 뜨뜻해져 오는 속살,
　한데에서는 못에 목을 꿴 장어가 드센 파도를 일으키고
　덩달아 파닥거리는 햇살 거머쥔 채
　식어 가는 혈관을 타고 해의 지문을 삼킨 어둠 속으로
　무전여행을 하다 돌아온다
　멀미도 않는다
　비린내 밴 세상 빠져나온 문어가 기중忌中이라 붙여진
　대문짝을 빨판으로 핥고 핥는데

　냄비 뚜껑 달그락거리는 허공에 아내 못 하나 박으란다
　튀어 올라 뇌리에 박히는 못
　그 울림은 오래도록 남고
　살가죽을 지탱한 벽이 울고 삐져나온 못에 보푸라기 이는,

뒤란에서
하등동물처럼 침샘으로 몸집을 불리고 있다

황지潢池
―생초면 고촌마을에서

못물이 누런 낯빛을 하고 누웠다
봄기운에 철마산※ 기슭이 하혈을 하는가 보다
추적거리는 봄비에 젖은
지기地氣를 마시고 있는 고촌마을 사람들
부풀리다 만 못 이룬 소망
훤칠한 달집 소지를 올리는 것처럼
화덕 위에서 지글지글 태우고 있다
해묵은 일들을 한 번씩 뒤집을 때마다
산허리 박힌 봄기운이 요동을 친다
살아오며 헤살난 일들은
못 안으로 다 흘러 들어온 모양
갓 고개 내민 봄빛처럼 들떠 있다
내 가슴에 쌓인 지난 일들도
생갈이를 해야 하는 건가
띄엄띄엄 산간마을에 들어앉은
산수유 노란 몽우리
사람들을 미치도록 부르고 있다

※철마산: 거창군 신원면과 산청군 생초면 경계에 있는 산

제2부 낡은 지붕

낡은 지붕

　수십 년 바라다본 슬레이트 지붕 비바람 받아내느라고
　무수한 이끼가 끼어 있다
　손금처럼 잔금 일어 얼금얼금하다
　잘게 패인 골에는 휩쓸고 지나간 흔적이 눅눅히 배어 있다
　군데군데 갈아 끼운 흔적도 덧칠이 일어나 까칠하다
　후미진 곳에 돋은 검버섯 마치 햇빛에 드러난 바위 솔 같다
　버티고 선 서까래 이젠 힘이 없어 보인다
　언제 내려앉을지도 모를 낡은 지붕 아래 나는 아직 머물러 있다

　금씨 아재를 내다 버린 해거름 아버지는 바람에 흔들거리며
　주름 접힌 산 그림자 속으로 걸어가고 있었다

강江

   물새, 제 밥그릇인 양 톡톡 쪼아 본다

   날름거리는
   붉은 혓바닥 밑에 즐비한 소라 껍데기
   지난여름 묻힌 강가에는 내장을 빼앗긴 짐승의 늑골들도 고대 유물처럼 흩어져 있다

   한 친구 유골을 뿌리고 왔다는 소리에 헛물이 켜이고 강물은 늪에 갇혀 울었다

   늑골 서까래 삼아 모래집 짓는 일이거나
   커다란 지느러미로 지구본 껍데기를 유영하다
   달랑 남은 흔적들

   풀벌레 울음처럼 여리고 여리게 사그라질까

   가을날 붉게 울다 떨어진 나무의 탁본 한 장
   물새 발자국처럼 떠다닌다

   딛고 선 한 뼘의 땅처럼

이른 봄에

기지개 켜는 소리 발밑에서 자꾸만 꼼지락거린다

내 몸에 번져 있는 아토피처럼

봄이면 한번씩 울고 싶도록 등짝이 가려운 모양이다

젖 몽우리 불거지듯 움틔우는 매화나무 사이로

덤불 속 멧새 사랑타령을 들으며

꽃 몽우리 같은 비료를 줄줄 흩는다

지난 봄비에 가슴앓이를 심하게 했는지

흠뻑 젖어 있는 그의 등짝을 빡빡 긁었다

고시랑거리며 출렁이는 덤불

조만간에 멧새도 순산을 할 모양

밟고 선 꿈틀거리는 봄빛

아랫도리를 타고 올라와

심장 주위를 자꾸만 꾹꾹 눌러 댄다

덩굴손

돌 공장 지나다 우연히 마주친, 내동댁 숨넘어가며 내젓던 손사래처럼
  허공을 흔드는 덩굴손 알 수가 없네

달수 형님 술 취해 잠초라며 꽃망울 같은 눈물 꼬옥 쥐고
  희뿌연 앞산 너머로 굴리는 눈동자, 철썩거리는 파도 소릴 들을 수 없네

촛불 흔들리는 장독간
바람 올리던 어머이 빈 고방 옆에서 가만히 지켜보았네만
  손끝에 이는 파문 만질 수가 없네

집 없는 달팽이 더듬이로 사라진 집을 찾는다
썩은 둥거리*에 난 흰 발자국을 따라나섰다
눈동자 가득 여름을 갉아먹던 누긋누긋한 달팽이는 보이지 않고
더듬이만 길섶에 가들가들하다

  ※둥거리: '그루터기'의 경상도 방언

개구리

　표본실 개구리처럼 기억 속에 핀으로 박혀 있다 나불천을 헤엄쳐 한강까지 거슬러 올라간 개구리 홍수 때면 떠 내려왔다 객지살이로 굳은 옹이 한 번씩 방천 말뚝으로 박아 두고 갔다 한여름 밤 다릿발 두드리며 피리 떼 뽀글뽀글 내미는 물빛 그리던 별빛 떨어진 거라며 밤새워 노래도 불렀다

　아재비 노랫가락 대신 거미줄에 흔들거리는 밤이슬 같은 삶의 고삐 놓쳤다는 소리 듣는다 물난리 났을 적 다릿마디 걸린 보릿겨처럼 귓전에 자꾸만 껄떡거린다 올봄에 들은 무논 개구리 울음 같다 이제 도솔천에서 헤엄을 친다 부화되지 않은 개구리 알 때문인지 서울 근교 공원묘지 말뚝으로 박혀 있다

찔레꽃

골짜기 들썩이는 향내

산이 일렁이고

딱따구리 쪼는 굴 속으로 흐르는

생각의 깊은 바다가 출렁일 때

찔레 순을 머금었다

예전 같지 않은 입맛,

몸속으로 뜨거운 숨소리 여태껏 흐르고 있어도
가시랭이 일던 개떡 내음 잊어버린 지 오래여도
꽃은 피면 진다는 것과
가시 독은 여전하다는 해묵은 기억을 싹둑 잘라 놓은 저녁

손등에 뿌리내린 가시는 어느새 검버섯으로 변해 있었다

포자

  싹을 틔우지 못한 포자가 있고 멀리 날아가 보이지 않는 포자도 있다
  일찍 발아한 포자는 표고농사를 짓는다

  포자를 퍼뜨린 포자가
  팔뚝에 난 검버섯을 뚝뚝 떼어내어 썰고 있다
  대청마루 장거리처럼 두툼하게 쌓이는 쇠한 숨소리에
  파리 떼가 방문객처럼 날아들어 알슬고

  가갸거겨 가갸거겨
  하늘 길에 뿌리 내리는 늙은 포자의 산고가 들려온다

  칼질 소리에 별빛이 툭 터진다
  마루에 허옇게 내려앉는 별의 포자
  외로운 듯 컹컹 짖어대는
  개 혓바닥에도 검버섯 돋는, 울음 절은 길에는 화근내가 난다

뿌리

  낯선 이가 자갈밭에 앉아 무성하게 자란 기억의
곁가지를 치고 있다

  하늘을 올려다보다 낮달을 뜯어먹기도 겨울나무
를 뚝뚝 부러뜨려
  질겅질겅 씹기도 한다

  잘게 부서져 뇌리로 뻗는 실뿌리,
  통증을 삭이기 위해 또 한잔 들이킨다 지축이 한
쪽으로 기울어진다
  지축에서 땅콩 줄기처럼 줄줄 딸려오는 상념들
  모세혈관이 붓는다

  빈 병에 꺾꽂이한 날은 지고
방목하던
  낮달을 삼켜 버린 그는 벌겋게 달아 있다

그 여자

나는 그녀를 사랑했다
나풀거리던 옷을 벗기 시작했다
알몸이 되기까지 밤새 사각거리는 소리에
발정 난 사내들이 어깃어깃 모여들기도 했다
발등을 애무할 때는 잠꼬대를 하기도
몸을 들썩이며 달구기도 했다
내가 힘들 때에는 품안으로 달려와
매화 향수를 뿌리기도 했다
곱은 어깻죽지를 자를 때는
떠나온 어린 시절을 떠올리고
먼저 떠난 모친을 생각하며 울먹거리기도 했다
다산하는 그녀를 좋아한다
나는 농막에서 내년에 탯줄을 자를 톱날을 세우고
그녀는 강한 여자로 태어나기 위해
숨을 거칠게 토해 내며 옷자락을 벗는다, 봄이 되면
깊은 자궁에서 나온 자식들을 데리고
중앙시장 청수청과로 간다
매실가게 아줌마는 다 품 안의 자식이라 했다
이월, 하늘 자궁에는 이슬이 맺히기 시작한다

알

 유월 마른 웅덩이, 썩은 나뭇잎에 슨 개구리 알을 보며 알에서 깨어나는 모든 것은 둥글다는 것을 몰랐다 막 둥근 껍질을 터뜨리고 나오는 움이나 내 거죽을 핥으며 기어 다니는 붉은 무당벌레도, 말라 비틀어진 벌레집도 둥근 원을 그린다는 것을, 알을 깨고 다도해를 횡단하다 뭍에서 팔딱거리는 활어이거나 건어물전에 반듯하게 누운 주검도 큰 원을 그린다는 것을, 봄비 내리고 이따가 하늘로 다시 돌아가고 꽃 지고 이파리 무성해지면 장맛비로 몰려오며 꿈틀거린다 살아 있는 것들은 저렇게 무리 지어 지구의 궤도를 날아다니는가 보다 자전하다가 제자리로 돌아가는가 보다

 타고 남은 지인의 유골 앞에서 슬픔이 멎었을 때 우둔하게 살아온 내 원죄를 사르며 이제 알에서 깨어난다

칡넝쿨

　보라색 칡꽃도 피우지 못하는 나무이다 잎 다 떨어져 나간 묵은 칡넝쿨이다
　남새밭 떨어진 별똥별을 담지 못하는 소쿠리이다

　지관地官은 소쿠리를 엎을 만한 터를 뒤적이고 나는 갈잎에 삭은 둥지를 줍는다
　온기 가신 빈 둥지 소쿠리를 닮았다 들여다보는 원형의 굽은 선로,
　알을 품었던 얼금얼금하게 삭은 시간의 올을 풀어내고

　연신 입질을 해대는 어둠의 혀, 그 혓바닥을 뽀드득뽀드득 밟으며
　새를 찾고
　패찰을 든 지관地官은 새 날아간 방향을 찾는다

　새 한 마리가 부고를 물어온다 안에는 다른 또 어미 새가 죽어 있다

개미

덩치보다 몇 배나 큰 주검을 끌고 간다

햇발 더듬질하며 민들레 밭 지나 고요한 평원으로 가는 길 발발거리며 단내가 난다

형광불빛으로 도배된 지하도
한 발 잘린 중년의 개미는 허공에 떠다니는 발바닥에 조아리곤 닳아빠진 경전을 핥는다

갈래갈래, 빈 공기에 달라붙은 밥알 같은 기도문
허브 향과 함께 사라진 다리처럼 스멀스멀하다

오돌오돌한 빛줄기를 젖꼭지처럼 빨고 있는
아이의 주먹손에 동전이 구른다 순간, 어둠에 절은 날갯죽지 파닥거리는

어느 대척점 묵묵히 작은 성을 쌓는
살아 있는 것들은
하루를 초벌구이하며 등짐 하나씩 끌고 간다

수선화, 꽃대를 불다

꽃대를 푸푸 불어 댄다 가슴에 묻은 애창곡을 부르는지 모른다
티눈 박힌 음표를 내뱉다 한 번씩 박자를 놓친다

꼬리 잘린 음표가 너울춤을 춘다 혼신을 다한 연어처럼 몸을 파닥거린다 물결이 인다 번득이는 물비늘 맞으며 연어 몸에다 버드나무를 심는다 갈라진 결에서 버들피리를 꺼낸다 종소리를 내는 피리이다 소리가 징하고 울릴 때마다 꽃잎이 떨어진다 기운이 쇠한 듯 주름이 검붉다 꽃말을 긁어낸다 손잡이 떨어진 꽃병과 구멍 막힌 물뿌리개 그려진 꽃말을 부도난 공사장 거푸집에 새긴다

까딱거리는 손가락
먼지 쌓인 기억의 방을 하얀 벽지로 도배하는

베란다 말라가는 미니 수선화처럼 보고 있다

바삭바삭, 타들며, 쪼그라드는 알뿌리

시들어진 수선화를 아파트 뒷산에 통째로 비우고 왔다
한나절 잠시 피었다가 사라진 수선화 좋이다

벚꽃놀이

겨우내 얼었던 몸뚱어릴 발길질하는지

밤새 잘그랑거리다

붓기 시작하는 마른 거죽으로 흘러내린다

하얗게 비죽비죽 고개 내미는 게

만삭이 된 젖 몽우리 같다

내가 하나의 들꽃으로 피기 전

저 벚나무처럼 부르튼 배로

어머이는 보릿고개 넘으며 밭고랑 지었다는데

뚝뚝 떨어지는 젖방울 받아먹으려고

주억거리던 일상 접어 두고 달려간다

치매 걸린 꽃샘추위를 막 걷어낸

밟고 선 땅거죽도 들썩거린다

버스에서 팝콘처럼 튀겨지는 사람들

지상은 신이 주신 아름다운 선물이라고

수군거리며 사람들은 들로

산으로 몰려들 가고

하얀 젖 자국 길섶에 흥건하다

나무들의 산란기이다

땅강아지

　오뉴월 가뭄에 빈혈로 쓰러진 보리밭 깜부기처럼 누워 있었다 검게 타들은 얼굴로 비벼 대었다 무논을 갉아먹는 땅강아지처럼 누런 방바닥을 헤집으며 쿵쿵거리고 있었다 퇴적층처럼 빼곡히 쌓인 별 내용물도 없는 일대기를 물어 날랐다 해묵은 연재물을 질펀하게 쓰고 있었다 겉장은 낡아서 희번덕거렸다 연재물을 읽는 사람은 거의 없었다 가을날 내 기억에 물꼬를 튼 누린내는 낙엽처럼 스러져 갔다 굳어 가는 심줄을 펴기 위해 낙엽 위에는 다듬잇돌이 놓였다 줄기세포에서 발아한 나는 마당에서 다듬잇돌의 원리에만 골몰하고 있었다

　할아버지 제삿날 땅강아지는 달을 파먹고 있다

제3부 나는 꿈을 꾸지 않는다

겨울 담쟁이

갈라진 벽으로 밀어 넣는 짧은 혀끝에
버짐처럼 번지는 마른기침 소리
벽이 울고
염탐하려는 듯 기어오르다 멈춘 수많은
발,
돌돌 말린 발
독거노인 아침을 쥐고 있다
핏줄이 꿈틀댄다
목울대가 가늘어진다
내장에 말라붙었다가 쏟아지는 분침 소리
허파꽈리 터져 물비늘로 흩어지는
숨을 자아올리는 물질이다
발 헛디딘 덩굴에 칭칭 감겨 마르는 수맥이다
화분에서 죽어 간 선인장처럼
움켜쥔 가시발로 시간의 덫을 놓는 것인가
부르튼 살가죽 기어오르는
심줄 눌어붙은 허름한 벽화를 본다

보풀을 태우며

까칠까칠한 보풀을 태운다

타닥타닥

논두렁에 누렇게 말라붙은 땀방울이 부스러진다

뭉개진 발자국에 파묻혀 있던 여치 울음

소스라치게 파닥거리고

몇 년 전 어머이 무릎 안에 실밥으로 봉해 둔

먼 구릉에서 자박거리는 소리

때 이른 계절 뭉개고 바람으로 괴는

얼마나 길었던 시간이었을까,

수십 년 간 떠받치고 있던 논배미가 만들어진 내력

문드러진 말뚝 정강이가 툭툭

만장기가 타듯 붉디붉게 날아오르고 있다

물때 낀 내 젊은 날이 검은 재가 되고 있다

겨울 밭에서

억만년 전에 밀어 올린 지층이 이제 꿈틀거리는 건가
아님 바람의 망령들인가
검은 주둥이로 거친 맨살을 핥고 있다
딱정벌레가 벗어 놓은 투구며
두더지가 할퀴던 덜 아문 상처 위로
널브러진 팔과 다리를 휘감으며
펄럭이는 흰 만장
바람의 목덜미를 죄는 검은 리본
해시계만 입질해 대는
이제 누구도 발을 들여놓지 않는 비무장지대
서리 맞은 무 같은 엄마가
무 구덩이를 파고 있다
움푹 팬 눈이 자꾸만 기어들고 있다
미리 파두는 걸까, 꼭 덜 마른 햇무덤 같다

창자 안을 들여다보며

　모래시계 같은 골목에 어둠이 거미줄을 친다 열두 가닥 햇발에 돌돌 말리던 나는 탈피를 한다 과일장수 빈 도시락에 바람이 달그락거린다 도둑고양이가 바람의 등뼈를 핥고 있다 마누라를 기다리며 오그라든 불알을 다림질하는 젊은 세탁소 주인을 물끄러미 바라보기도 하고, 건조대 널린 안식에 들지 못한 영혼을 위해 교회 종탑에 모인 비둘기 기도 소리에 귀 기울이기도 하고, 김 풀풀거리는 내장에 버물어진 시간을 동강 내는 포장마차 칼질 소리에 별을 헤아리기도 했다 이맘때면 동네 지킴이 총각은 호각을 불었다 때맞춰 내 배를 채울 동강 난 동태 앞에서 비둘기처럼 엄숙한 표정을 지어야 했다 생선장수는 귀먹은 듯이 도마에 얼어붙은 바다만 긁어 내었다 북해도에서 흘러든 갯내가 길바닥에 흥건해지면 굶주린 개가 킁킁거리며 지나갔다 그야말로 잡식성 동물인 창자 안은 늘 부글부글 끓고 있었다 침샘에는 하루를 집어삼킨 거품이 무성하게 일었다

　찌그러진 페트병처럼 영혼을 부풀리는 텅 빈 울

음소릴 듣는다 어둠 속에 놓친 시간의 변속 기어가
닳는 소리이다

검은 오후

쓱쓱,

늦더위 가르는 칼 가는 소리

농막 모퉁이 한낮의 줄다리기는 팽팽하다

무말랭이 같은 지렁이 환청을 들은 듯

어둠을 파 헤집던 오골계

댕강댕강 잘리는 땡볕을 꼭꼭 씹어 대는

말복 나절

해문이 열리고 번득이며 쏟아지는 햇살에

짙어 가는 무성한 그늘이 베어지고

내동댕이친 벼슬 먹땡깔처럼 검붉다

흙냄새 파닥거리는 오후

고깃덩어리 한 점 뜯으며

보글보글 끓고 있는

또 다른 환청을 듣는다

할퀴던 발자국 화석으로 굳어 있다

절리

평거동 24시 편의점 앞 노인 살아온 날을 포개듯
박스를 개고 있다
하루를 담아 보지 못한 것도 있고 누린내 밴 꺼풀
도 있다

낮달이 머물고 간 시간의 경계에서
바닷가 절리처럼 쌓여 괸 불빛 속으로 간간이 떠
가는 섬,
섬에는 부르튼 지문이 따개비처럼 나붙어 진득진
득한 어둠을 입질해 대고

야윈 갈빗대 눅눅한 아스팔트에 꽂혀 달달거리며
주름진 노안에서 찰랑거리는 실핏줄

등으로 달라붙는 바람의 살

등짝 실밥 터진 바람 구멍으로 들여다뵈는
닳은 복숭아뼈

늘어진심줄,동맥경화걸린골목,오색불빛과함께
걸려있다

아나콘다

자기 입의 몇 곱절 더미를 삼키는 아나콘다를 보고 있다

턱관절이 풀리고 몸통 요동치는 절규가 사방에 흩어진다

아나콘다 입은 뜨거운 생명의 산실

젊은 날 아나콘다 입처럼 강인한 아내의 깊은 자궁을 보았다

비늘처럼 반짝이는 땀방울 등허리 흘러내리는

잘려 나가는 젊음 마디마디 붉은 기운 배는 사이

사지를 뒤틀며

새벽하늘에 토해 놓은 두 개의 별

한여름 이겨낸 나팔꽃마냥 축 늘어진,

위대한 작위를 명명 받는 의식이었다

별빛에 목을 축이며, 그날 나선 길을 아직 걸어가고 있다

물안개 자욱한 시간의 늪을 횡단하는

그녀는 이제 늙어 가는 아나콘다이다

머리 비늘이 하얗게 센 아나콘다이다

지금도 남은 몸통의 여력으로

바람처럼 흩어지는 나를 돌돌 말아 쥐고 있다

달맞이꽃

어느 형이 내게 호강시켜 주겠다고
술 취해 ×여관 앞을 지나다 맞닥뜨린 달맞이꽃
땅을 울리는 기적 소리에 홰꾼처럼
후줄근한 벽을 허물고 나오는
밤이슬 촉촉이 젖은 꽃대
자궁을 꺼내어 걸치고 있다
한여름 제 몸을 짓눌린 철로마냥 늘어진 사내
꽃대궁 앞에서 어슬렁거리고
취객들은 암내 맡은 수캐마냥 안달 부리며
열리지 않는 달문을 꾸역꾸역 물어뜯는다
유효기간 지났다는 선배 우스갯소리
장어처럼 밤하늘을 헤엄쳐 다닌 지 오래
빠알간 불빛에 뒤범벅되어 몸을 까뒤집는
꼼장어 같은 팽팽한 심줄이 아랫도릴 꾸욱꾹 죄고
밤기차가 덜거덕거리며 짓누르고 간다
늦은 밤 꽃대궁을 열고
얼굴 없는 사내 뒤꽁무니만 바라보다
먼동이 트면 흔적도 없는 달맞이꽃
달빛이 후두두 떨어졌는지
밤이면 몇 그루 피어 있었다
허기진 채 플랫폼 입구에 기대어

파리똥

　　말라붙은 파리똥에 고정된 눈빛 서서히 움직인다
　　망막은 흐리고 조리개 기능도 다한 듯하다

　　발가락에 앉았던 파리가 하얀 입술을 핥는, 허공을 훔치는 쇠한 숨소리
　　의자에서 미끄러져 내리는 팔의 곡선미
　　판박이들의 외로운 퍼포먼스

　　허연 망막에 초점 잃은 영상들로 가득한
　　자막도 없는
　　한 편의 무성영화를 보고 있다

　　갈수기 소류지처럼 말라가는 허리춤에서
　　눅눅한 언어들이 굼질굼질 괴는 달팽이관에서 시간 멈춘
　　풀풀 날리는 마른 꽃잎들

　　철커덩 철창문 여닫히는 소리에
　　툭 끊기는 인연을 질겅질겅 곱씹으며
　　요양원 뒤뜰에서
　　거미줄에 돌돌 말린 파리의 주검을 본다

연흔漣痕※

굳어 버린 공룡 발자국 쿵쿵거리는 갯강구 무리 속에서

파도 소리 핥는다

갯바위 겹겹 쌓이는 시간의 공명

나는 바위 속으로 걸어 들어가 화석을 캐기 시작한다

후박나무 숲으로 걸어간 발자국

아재비 정관에서 갓 깨어난 낯선 공룡

소금기 절은 벽화에 남은 희미한 결혼 사진

갯벌에 집을 짓고, 허공에 집을 짓고, 갯벌에 쌓인, 허공에 쌓인

기억 속에 가라앉은 지층이다

철썩일 때마다 쌓이는 파랑 같은 날들

닻을 내리지 못하는 유람선처럼 떠다니다

절리로 새겨지는

갯바위 갉아먹는 물결 소리 듣는다

가느다란 내 손금 같은

※연흔: 물가의 지층에 생기는 물결 모양의 흔적

가면극

몽고반점 같은 꽃물 흐르는
힘에 부치도록 피워 내던 절정의 연기는 끝나고
심장 없는 허수아비처럼 서 있다

똬리 틀고 있는
바람의 발톱에 늘어진 수세미 헐은 그물망에는
뒤엉킨 발자국이 삭은 코스모스처럼 엎질러져
수북하다
끝물로 괸 노을을 마신 나는 불그레하고

하늘거리던 목덜미에 달아 놓은 댓글
어둠을 쪼는 새 부리 같다
허공으로 솟는 코스모스처럼 한번쯤은 뜨겁게 피워 낼 수 있는지
댓글 갈고리 치며 내 귀를 쪼아 댄다

푸석푸석한 내 몸에 둥지를 튼다, 수정을 한다

곳곳에 상처 배인 내 영혼으로 피워 내기에는
뿌리내릴 뜨거운 심장이 없다

물컹거리는 어둠의 촉수에도 발기되지 않고 몸이
뜨거워지다 풀어지고 마는

가면 쓴 씨부렁거리던 발자국 길바닥에 수북하다

나는 꿈을 꾸지 않는다

 바쁘다는 핑계로 나는 꿈을 꾸지 않는다
 농협 대출계에 가난한 하루를 맡기고 내일을 인출한다 술을 마시고 홀로 밤기차를 탄다 한적한 곳으로 여행을 간다 여행지에서 만난 여자의 배란일을 헤아린다 길을 가다가 인구조사를 하는 학생에게 내가 몇 번째인가를 묻는다 돌아와 개와 개똥의 관계를 생각하며 개똥을 치운다 옆집 아재를 개똥처럼 내다 버린다

 봄이면 매화나무를 심는다 나무 그늘에 자욱한 향기를 긁어 하루 품을 판다 노래방에서 향기 없는 도우미를 안고 춤을 춘다 아랫도리 전율이 없다 다리목 장어 집엘 들러 꼬리를 씹으며 진혼제를 올린다 개천예술제 각설이타령을 듣는다 어깨춤도 신이 나지 않는다 옛 지인에게 전화를 했다
 (엄마는? 집에 안 계시는데요 어디 갔는데? 작년에 죽었는데요)

 달빛에 푹푹 빠져가며 귀를 씻었다 배경음악 없는 단막극이다

고목

실눈에 들어오는 곱사등이 고목
혹을 떼 놓고 외출할 수 없듯
내가 침범할 수 없는 꽃그늘에 숨어 묵묵히 다비식을 치르고 있다

문드러진 곽, 나일론 줄 돌돌 감긴 큰아버지 유골 같은
곱사등이 허리춤에
뭇 넌출과 버섯들이 이빨을 박고 있다

한때는 뜨겁게 달구다 송진처럼 눌어붙은
해묵은 내력을
허연 유골 걷어내는 날일꾼처럼 파먹고 있다

짧은 생애를 정리하듯 검은 주검마저 베풀고 떠나는 걸까
일렁이는 바람에 새살 돋는 소리

더는 자라지 않는 살가죽으로 새똥과 비바람 받아내며

어린 버섯에 내어 주는 속살, 제단이 되어 가는

또 하나의 내력 생겨나는
꽃비 맞으며 먼 길 떠나는 고목나무를 보고 있다

덧칠

어깨 결리는 날에는 견관절 파고드는 바람구멍을 메울 옷 한 벌과
 시집 한 권 들고 훌쩍 떠나고 싶었다

 북적거리는 새벽시장 낯선 세상사 흥정하는 사람 소릴 잔술로 퍼마시며
 구겨진 옷자락에 밴 단내를 맡고 싶었다

 어느 해안가 바다를 꿀컥 삼켜 버린 복어 모험담을 들으며
 부어오른 뱃속으로 들어가 창자 길이를 재고 싶었다

 수육에 킁킁거리는 도둑고양이 되어서라도 길 가다 조문객 드문 장례식장에 들러
 좌표에도 없는 길을 왜 갔느냐고 나지막이 묻고 싶었다

 걸어가는 소로나 사랑의 여백도 십 년이 넘으면 빛바랜 벽지를 도배하듯

한번씩 덧칠해야 한다는 무게만 더해진 가슴으로 돌아오지 않았던가

　시간에 가위눌린 심장에는 작은 심방 하나 생겨났다

알을 꺼내며

알을 꺼낸다
파닥거리는 울음이 말갛다

뜨뜻해져 오는 순간

아래채에서 들려오는
아내 뱃속에서 나온 알의 울음

환청일까,

어설프던, 빈 항아리에 차오르던 태반 소리

나는 늙은 수탉이 되어
구들에 눌어붙은 시간의 그을음을 쪼고

해묵은 굴뚝이 하얀 알을 낳는다

그때처럼, 울음이 또 말갛다

어탕댁

　감나무가 베어지고 흙집이 헐리고 도로가 난다

　이 빠진 포클레인 밤 이슥하도록 나무 그늘에 묻힌 꽃목걸이를 파내었다
　서까래에 밴 지문을 긁어내었다

　스피드건에 찍힌 낡은 필름을 구정물에 헹궈 낸다
　산비탈에 감씨처럼 박혀 있는, 파닥거리는 아들놈들
　내 우뇌에 똬리를 틀었다가
　백미러 너머로 사라진 감물 든 기억이다
　식어 가는 나무의 혈관이다

　멀리 돈 벌러 갔다는 풍문을 옆구리 꿰고 생선 배를 가르는 핏발 선 눈,
　풍랑 이는 다도해를 떠올리다가
　말라비틀어진 물풀 속에서 질긴 부레로 심호흡을 하는

　조금 전 살아 있던 기억을 발라낸 생선뼈를 힘겹게 핥고 있다

낙원

 친구들이 농막을 지어 주었다 전기를 넣어 주었다 살림살이 늘어나는 자투리땅에 호도, 고로쇠, 밤, 오미자, 헛개, 자두, 오디, 키위, 사과, 매실, 석류나무를 심었다 내 살아 있으면 먹을 것들이다 온몸으로 물 차오르는 소리 들린다 새가 날아들고 갖가지 꽃이 만발하였다 쉬엄쉬엄 나무 안으로 들어가 솟는 땀방울로 씨눈을 틔운다 때론 붉은 열매 속에서 생명의 탄성 소릴 듣는다

 죽은 밤나무를 베어내곤 해묵은 제전의식을 오늘도 치뤘다 내 몸 안에서는 이제 딸그락거리는 소리가 난다 진득하게 걸어온 발자국에 바람 소리가 괸다 나무가 몸을 비벼대도 바람 소리로만 알았다 등치에서 나이테가 흘러내려도 예사로이 지나쳤다 딱따구리가 쪼는 소리처럼 시간의 마디마디 울리는 공명이다 텅텅 울리는 굴 안으로 들어가 생각을 비운다 낡은 시간을 되돌릴 수 있는 유일한 낙원이다

제4부 망상가의 하루

옹이

옹이는 운석이다

꽃으로 피어날 적 생겨난 옹이
빛나던 별빛 까맣게 타버린 운석처럼 굳어 있다

기억을 분갈이하다 보니
옹이 배인 붉은 슬픔이 진득진득하다

땅에서 꽃 피워 내던 나는
천왕성도 목성도 아닌 무명의 별이 되어
수많은 꽃들을 바라보며 빛을 토했다

지상에는 수정될 수 없는 꽃이 있었고
타는 갈증 꽃가루로 빚어내는 동안
별빛도 수명이 다한다는 걸 알았다

늘 내려다보던 꽃대 까아만 운석 하나 박혀 있다

꽃

피우지 못하고
몽우리 지는 꽃은 얼마나 슬픈 일이랴

자궁 안에 쟁강거리며
알게 모르게 자리매김한 꽃눈

저 모롱이 돌아오다
피다 만 꽃말

닳은 무릎에 괸 수액처럼
가슴속 깊디깊은 샘으로 고여 있다

얼마나 길어 올려야 하나

쪼그라든 젖무덤
검버섯으로 눌어붙은 풀꽃 이야기

자근자근 바라보는 내 귀가 슬프다

복수초처럼 뿌리 내려

내 몸 안으로 실핏줄 흐르는 소리
어디로 흘러가 고이나

구불구불 돌아가는 길목에서
홀로,
또 하나 심장 소릴 새긴다

망상가의 하루

골목 누비는 왁자지껄한 소리, 논두렁 언제 베냐
고 들려오는 아버지 육성 같다
걸어온 길이 거추장스러울 때는 옛사랑을 떠올리
기도 하고

땀내 절은 신발을 세탁기에 돌리다가
물에 비친 반백의 머리카락을 훑으며
자전하는 속도가 빨라졌는가 싶어 인터넷 중독자
가 되기도 하고

허물없는 친구와 술잔 들며 소라 집에 왜 게가 사
느냐고
바닥만 핥아 대는 저 미물들은 자살을 시도하지
않느냐며 묻기도 하고
지난여름 예초기 잘려 나간 독사 머리를 떠올리
곤 죽은 아재는 어디로 갔을까
풀숲을 헤집기도 한다

능소화나무 지나다 혓바닥 날름거리며 타 들어가
는 꽃모가지 주워 들고

오십견 어깨를 들썩이며 남은 날 헤아리면
 꽃 무덤에 하루살이 모여들고, 꽃물 든 산 그림자 헉헉거리고

 땀에 찌든 꺼풀을 삶는 찜통에서 뛰고 있는 심장 소릴 듣는다
 내 가죽은 건조대에 하얀 뼈로 굳어 있다

내시경

　콩나물 더미에 처박고 아귀 대가리를 뜯고 있다 세파에 시달렸는지 등짝과 입언저리가 까칠하다 억센 아가리를 씹다가 입 속으로 딸려 들어갔다 수많은 흑백사진이 주렁주렁 매달려 있었다 명태 새끼가 고니를 핥고 있었다 풀숲에는 오래전에 죽은 할매 비녀도 보였다 딸애가 좋아하던 죽은 시츄 강아지 방울도 있었다 겨우 숨만 헐떡이는 새끼들이 물혹처럼 다닥다닥 붙어 있었다 술만 마시면 잡초라고 노래하던 달수 형님도 웅크리고 있었다 돈 벌러 나가 돌아오지 않는 후배도 박쥐처럼 매달려 있었다 걸개그림으로 걸려 있는 기억들을 신물이 올라오도록 먹어 치웠다

　아귀마냥 위가 부었다 몸 안에는 숱한 기억들이 종유석처럼 자라고 있었다

이방인

새벽녘 개미 한 마리
방바닥에서 단맛 나지 않는 불빛을 핥아 댄다
신열 오른 나도 마른 목수건을 두르고
흩어진 불빛을 개미처럼 주섬주섬 핥는다
덩그러니 홀로 바라보는
불 켜진 방과 꺼진 방의 정지된 안식
걸어온 하루 여정보다도 깊다
어둠 속으로 빨대를 깊숙이 밀어 넣는다
시간 여행을 떠나는 얼굴들
수많은 그림들이 펼쳐진다
시침時針 위에 서성거리는 발자국
소품으로 장식된 허름한 미술관이 보이고
하나씩 빠뜨린 것 같은 빛바랜 유화 몇 점 걸려 있다
그리다 만 스케치도 수북하다
원근감이 희미해져 완성하기에는 너무 낡았다
붓과 물감마저 굳어 있다
칭칭 감아대는 불빛에 뒤척이며
굳은 물감을 풀어내려 자박거리는 발걸음
여느 때처럼 시간의 물레를 돌리고
오그라드는 몸뚱어리

어둠 한 올씩 풀려 나갈 때마다
뻐근하게 아삭거리며 붉게 하혈하는 새벽이다

신 처용가

파도 소리 들리지 않는 자갈밭에 사람들이 누워 있다

땅속 굼벵이처럼 조금씩 굼실거리며

생채기 난 진액을 한껏 토해 낸다

단내 나는 일들이 뭉텅뭉텅 뒤섞인

머얼건 타액이 줄줄 흐르는 자갈밭

날물에 자그락거리는 소리 같기도 한데

공유한 삶 지친 넋두리 같기도 한데

어슴푸레 들려오는 소리에 파묻혀

앞집 여자와 내가 나란히 누워 있다

처용*이 물끄러미 바라보고 간 것은 아닐까

불이 낳은 어둠을 헤집으며

쪼그리고 누워 굼실거리는 낯선 몸뚱어리들

막 허물을 벗고 나온 매미처럼

일상에 찌든 인피를 말리고 있다

※처용: 신라 헌강왕 때 설화 속에 나오는 동해 용왕의 아들로
 '처용가'를 지음

흑백사진

옛 신혼 방에는 닭 몇 마리 사글세로 살고 있다
마당에는 개가 떨어진 구름을 물어뜯고 있고
헛간에는 염소가 전세로 살고 있다

발톱 버려진 화단에 메발톱꽃이 피고
핏물을 거둬들인 땅에서 먹땡깔이 주렁주렁 열리는 날이면
아버지는 부음을 내었다
우리는 몰려들어 만찬을 벌이고

때론 친구 아버지도 도립병원 뒷전에서 친구들을 불러들여
만찬을 열었다
유언장처럼 제 살덩일
한 쟁반씩 듬성듬성 썰어 내어 주고
밤하늘에 스러지는 별을 헤아리게 했다

내년에도 먹땡깔이 열릴 것이다
메발톱꽃이 피고
산과 들에서 다른 들꽃들을 불러들여

향연을 벌일 것이다

머리숱 다 빠져나간 감나무 아래
제 검은 그림자를 벗어던진 염소 흰 알몸
사진 한 장이 손에 들려 있었다

흑백사진에는 아버지가 입양아처럼 앉아 있다

검은 자갈

 정동진 바닷가 모래무덤에 검은 자갈처럼 파묻혀 있을 것이다 파도에 떠밀려 온 물풀에 돌돌 말리고 지나는 발길에 짓밟히고 있을 것이다 파도가 올여름을 겹겹이 핥고 지나가면 여물어져 언젠가 작은 섬으로 드러날 것이다

 온 힘을 다해 밤을 밝히던 가로등처럼 빛을 발하며 침묵으로 누워 있을 것이다 부재의 방에 기다림의 시간으로 눌러앉아 태양열을 축적하고 있을 것이다 깜깜한 지하 미라처럼 몸을 조아리고 깨어날 날을 기다리고 있을 것이다

 오징어잡이 집어등처럼 문자를 수없이 전송하고 있을 것이다 모래밭에 떨어진 조각난 문자가 파도에 지워진다 발가락 사이로 빠져나가는 모래알, 핸드폰 진동이다

불면

지상의 붉은 열매가 대지의 열기에 검게 변해 버린
물컹거리는 골목 언저리
탑등만 희미한 택시 안에
일당을 채우지 못한 기사가 죽어 있다
지구를 반 바퀴 달려온 바퀴에선
진흙으로 빚어낸 사람들이 흘러내려
계기판에 남은 시간을 개고 있고
허기진 심장을 채우려
닳은 분침만큼 구두에 괸 곰팡이를
도둑고양이가 물어뜯고 있다
팽팽하게 나돌던 발자국 소리가 동강 나고
머릿속 진열장을 흔들어 대는 발톱 소리가
나를 깨운다, 할증된 세 시
무엇이 그토록 갈증 나게 했을까
우박처럼 떨어지는 별빛 아래
어둠을 독식하며 주뼛거리던 몸속 백혈구가
잠에서 유체이탈을 한다
퍼렇게 눈을 뜬 비상등 아래
조간신문에서 기어 나온 활자들
아파트 층층 갉아 대는 소리

나는 고양이처럼 웅크려 어둠 속에 앙상하게 남은
살아 있던 도시 그림자 체액을 핥고 있다

핵가족

대형 할인점 냉장실
정강이 잘려 나간 무 반쪽
두개골처럼 얽은 양배추 반 조각으로
짧아진 한 쪽 다리와 머리를 갈아 끼우고
살점 뒤섞인 선지피를 수혈하는 무명 배우들
목구멍으로 쏴하게 들어오는 허연 냉기 서린
검은 바코드를 찍는다

홀로
한낮에 뜬 반달을 조각 맞추다가
반, 반의 반 조각으로 배를 채우다가
절름거리는 불빛 아래
일 인분, 이 인분짜리 상자에 자신의 영혼을 포장하며
홀로서기 하는 일벌레들
선지덩어리 같은 은밀한 아파트 굴속으로 들어가
검은 건반을 두드린다

배달꾼의 벨소리가 층층에 가라앉아 있다

판도라 상자※

 신호등 불빛 끊어진 지 오래 회색 건물들이 오색 방뇨를 한다 목줄 끊어진 개처럼 불빛을 핥으며 판도라 상자 안으로 들어간다 사람들마다 허름한 지구본 하나씩 들고 들어온다 자전하다 멈춰 있다 서서히 지구본에서 한 토막 희극이 펼쳐진다 만담을 늘어놓으며 꿈을 펼치는 조연들

 중얼거리는 독백 촛불로 타고 있다 해갈하지 못한 목마름을 붉게 태우고 있다 타다 남은 슬픔은 촛농으로 굳어 간다 종일 태양을 보지 못한 사람들이 촛농으로 해를 만들며 위도와 경도를 걸어 내었다 지구가 하나가 된다 달도 하나가 된다 붉은 악마처럼 어깨걸이를 하고는 별을 부른다 도시의 밤은 노란 달이 내려앉고 별들끼리 교미도 한다 간혹 보이는 새끼별은 촛불처럼 바람에 몸을 숨기기도 하는

 상자 안에 시간이란 놈을 가둬 버렸다 다들 몽유병 환자가 되었다 갈망하던 꿈을 밀주 담그듯 버물고 있다 더불어 나도 꿈을 두벌구이한다 촉석루 앞 아무도 찾지 않는 어정쩡한 사주쟁이가 되기도 한

다 바닥에 흥건히 괸 꿈들이 골목에 안개로 흩어진다 형체를 알 수 없는 들쩍지근한 도시를 빠져나온다 취기 채 가시지 않은 달맞이꽃이 나를 빤히 내려다본다

상자 안에는 열지 못한 자그마한 상자가 또 들어 있다

※판도라 상자: 그리스 신화에 나오는 최고 신 제우스가 인간 여자 판도라에게 준 상자로 이것을 열면서 인간의 불행이 시작되었다는 상징을 나타냄.

엘리베이터

 입으로 배설하고 먹이를 삼키는 절지동물은 처음이다

 비늘 번득이는 어항 열대어 둥근 눈알 같은 단추를 누르면
 쩌렁쩌렁
 빈 먹이통을 차고 올라오는 큰 지네 한 마리
 층층마다 뻗는 잔발에 딸려 오는
 밑창만 걷어 내면 바로 공중 부양할 사람들
 깊은 명상에 잠겨 있다

 잠시 감겼다가 벌겋게 상기되는 지네의 눈빛에도
 꿈쩍 않는 미간에서는 어떤 의식이 치러지고 있을 거야
 (날개 부러진 나비의 슬픔, 어젯밤의 정사, 동박새가 동백꽃을 그리워하는
 까닭, 어느 노숙자가 덮고 있는 이불의 둥지 무늬…)

 지네 눈알을 짓누르며

어항 속 보글거리는 버끔 같은 세상사 한번 토해 볼까
무언극의 무명 배우들 대사를 잃어버린 지 오래
짧은 침묵도 답답하다
정지된 눈동자
마주친 동공에서 헤엄치는 나도 한 마리 열대어일 뿐이었다

벽시계

걸개그림 떼어 낸 알몸을 본다
샤워기에 씻겨 내려가지 않는 여름나기 얼룩
미혼모 배처럼 꾹꾹 눌러진 기름덩어리
쏟아내지 못한 언어들이 몇 겹 주름으로 쌓여 있다
땀내 절은 잡식동물 배설물이다
하루를 걸러내던 정화조에서
꺼내지 못한 단내 나는 녹물이다
가슴 쟁이던 백혈구 덩어리
뭉텅뭉텅 핏줄 흐르다 녹물에 뒤섞여 경련 일고
낮과 밤 넘나들며
내 흉상을 걸기 위해 부러진 못과 망치 자국
부유물로 떠다니는
물속에서 한 영혼의 개기 월식이 일어나고 있다
뼛조각에 새기지 못한 하루를 담금질하고 있다
정지된 검은 시간이 풀리는 건지
살갗이 간지럽다, 뿌리를 뻗어 오는 아토피 꽃
주름으로 비축된 시간을 수없이 긁어내었다
묵은 때로 밀려 나오는
뭇사랑을 탐하고 세상을 간음하던 언어들
분침만 한없이 돌려대던 껍데기뿐인 나를 바라본다
내장을 들어낸 벽시계처럼 거울 앞에 서 있다

문門
—인도로 떠나며

바람은 덜커덩거리는데 문은 보이지 않는다
바람이 드나드는 문 있는데 보이지 않는다
안에서 내가 열 수 없는
누구도 열어줄 수 없는 문 안에서
침묵으로, 흔들리는 바깥세상을 바라본다
신도시 개발지 포클레인 발밑에 짓눌린 제비꽃
절규 같은 울음을 토해 내고
사람들이 시내버스에서 거꾸로 걸어 나오고
지구가 서서히 반대쪽으로 돌기 시작한다
감기약에 취해 올려다본 밤하늘처럼
살아가는 일들이 요란하다
하루에도 몇 번씩 부분 월식을 하는
미로 같은 낡은 마음의 문
닫문처럼 저절로 열리고 닫히지 않는다
세상으로 나오는 큰 문은 어머니가 열어 주었으나
살아오며 만든 소품 같은 문
열쇠를 잃어버린 지 오래이다
미숙아 같은 영혼 안에 갇혀 있다
부메랑처럼 날아오는
친구의 절절한 안부 배낭 깊숙이 넣고
밤하늘 열린 달무리 안으로 들어간다

태양의 눈물
—인도 기행

샛별을 톡톡 쪼는 까마귀 울음 속
엎드려 있던 도시의 문이 열리고
강가에서 묵은 하루를 씻어 내는 발길들
수평선 너머
그곳에도 태양은 떠오르고 있었다
허름한 움막을 걸어 나오거나
북두칠성 수놓은 이불을 덮고 자다가
짜이* 한 잔으로 하루를 열어 가는 작은 우주
거기에는 쇠똥 속에 꽃을 피워 내는
내 전생도 있었다
불모지에 자라는 이름 없는 풀포기 같은 나는
한쪽에 버려둔 야자수 껍질 속에
웅크리고 앉은 미숙아였다
아, 한 줌 흙으로 돌아가는 저 살내
침묵하는 뭇짐승들에게 쿵쿵거리게 하고
신에게 바친 붉은 꽃으로
미소를 일궈 가는 사람들
맨발로 시곗바늘을 밟고 지구 끝으로 갔다가
노을 안고 돌아오는 사람들
그들의 그림자는 따사로웠다

마르지 않는 우물 같은 눈동자에
나의 오만과 무지를 헹궈 내며
보이지 않는 평원 끝으로 달려가
야자수에 고인 태양의 눈물을 마신다

※짜이: 인도의 전통차, 홍차와 우유의 조화로 오묘한 맛을 냄

그림자극

　동네 늙은 과부들과 어울려
초상집에 뒹굴던 수육에다 술병을 흔들고 있었다
흔들리고 흔들리던 수많은 길이 쏟아졌다
도꼬마리 수북이 자란 길
구절초 말라붙은 길에서 들리던 노랫소리
장단이라도 맞추듯
속 빈 밤나무 윙윙 소리를 내는 날이면
탈곡기에 훑어진 손으로 바람의 현을 긁었고
현이 툭 끊기는 날에는
동네 어귀로 들어오는 발자국 소리가 달랐다
허방다리에 빠지다시피 비틀거리며
해시계를 안고 춤을 추던 그림자
'나보다 저놈이 일찍 가야 될긴데'
연신 흥얼거리는 오동댁 푸념 소리
어깻죽지 자글자글한,
도꼬마리처럼 따라붙는 인연 줄 앞세워
그림자를 병에다 주섬주섬 채운다
햇살 내리깔려도 온기 없는 집에서
　장맛비와 바람을 불러들이고는 오늘도 어깨춤을 춘다
　사는 게 이목구비 없는 그림자극이다

중산리에서
―여름나기

빙그르르 돈다

옷을 벗었다
돌너덜 떠다니는 짧은 파문 속으로 몸을 던졌다
외마디 비명도 지르지 못하고 잘려 나간 풀냄새
밤나무 그늘에 달라붙어 쩌억 하늘 가르는 매미 허물
땀내 밴 여름 자국
만
삭
이
다
천왕봉 허리 감도는 폭포수 씻김굿에
하혈하는 붉은 노을

내 몸 안에서는 땅벌 소리가 난다

작품 해설

[해설]

삶의 자잘한 느낌들에 대한 개인의 기록
―윤 덕 시인의 시 세계

양 곡 | 시인

윤 덕의 시는 쉽다. 어떤 이념이나 사조 같은 것들을 염두에 두지 않고 읽어도 그냥 잘 읽혀진다. 자잘한 일상들, 살아가면서 누구나 한번쯤은 보고 느낄 법한 사건이나 사물들에 대한 생각, 사연들을 만나면서 사연들과 부딪치면서 갖게 되는 생각들을, 별다른 문학적 장치 없이, 시라는 문학 작품이나 작품의 미적 장치를 의식하지 않고, 혼자만의 목소리로, 논법으로, 화술로 조용하게 또는 넋두리로 중얼거리는, 지극히 개인적인 소시민적 노래로 읽힌다. 그러므로 무엇을 찾으려는 마음으로, 무엇을 얻겠다는 마음으로 윤 덕의 시를 읽는 일은 헛된 일이다. 윤 덕의 시를 읽을 때는 그냥 읽는 일에 충실하면 될 것이지 구태여 어떤 의미나 어떤 느낌을 의식하고 읽을 필요가 없을 것 같다는 것이다.

이번에 상재되는 시집의 표제 시, 〈나는 꿈을 꾸지 않는다〉를 읽어 보자.

바쁘다는 핑계로 나는 꿈을 꾸지 않는다
농협 대출계에 가난한 하루를 맡기고 내일을 인출한다 술을 마시고 홀로 밤기차를 탄다 한적한 곳으로 여행을 간다 여행지에서 만난 여자의 배란일을 헤아린다 길을 가다가 인구조사를 하는 학생에게 내가 몇 번째인가를 묻는다 돌아와 개와 개똥의 관계를 생각하며 개똥을 치운다 옆집 아재를 개똥처럼 내다 버린다

봄이면 매화나무를 심는다 나무 그늘에 자욱한 향기를 긁어 하루 품을 판다 노래방에서 향기 없는 도우미를 안고 춤을 춘다 아랫도리 전율이 없다 다리목 장어 집엘 들러 꼬리를 씹으며 진혼제를 올린다 개천예술제 각설이타령을 듣는다 어깨춤도 신이 나지 않는다 옛 지인에게 전화를 했다
(엄마는? 집에 안 계시는데요 어디 갔는데? 작년에 죽었는데요)

달빛에 푹푹 빠져가며 귀를 씻었다 배경음악 없
는 단막극이다
         -〈나는 꿈을 꾸지 않는다〉전문

 그냥 이야기를 한다. 누가, 왜, 무엇 때문에 꿈을 꾸지 않느냐고 묻는 이도 없는데 자기 스스로 나는 꿈을 꾸지 않는다고 이야기를 해놓고는 어떤 일상의 상황만을 죽 늘어놓는다. 살아가는 일상을 변명하듯이 고백을 하는 것이다. 시의 화자는 바쁘다는 핑계로 꿈을 꾸지 않는다고 말을 하는데, 사실은 이렇고 이래서 나는 꿈을 꾸지 않는다는 이야기다. 그런데 시 한 편을 다 읽어도 우리는 시 속의 화자가 왜 자기가 꿈을 꾸지 않는지에 대한 해답을 시에서 명쾌하게 해주지는 않는다. 다만 꿈을 꿀 필요가 없을 것 같기도 하다라는 생각을 우리가 조금은 느낄 수가 있다. 아! 이래서 꿈을 꾸지 않는구나라고 독자들은 어렴풋이 알아챌 수가 있다는 것이다. 윤 덕의 시를 읽는 독자들이 이 조그만 느낌을 만약에 갖는다면 이것이 곧 윤 덕의 시라고 보면 될 것 같다.

 억만년 전에 밀어 올린 지층이 이제 꿈틀거리는
건가
  아님 바람의 망령들인가
  검은 주둥이로 거친 맨살을 핥고 있다

딱정벌레가 벗어 놓은 투구며
두더지가 할퀴던 덜 아문 상처 위로
널브러진 팔과 다리를 휘감으며
펄럭이는 흰 만장
바람의 목덜미를 죄는 검은 리본
해시계만 입질해 대는
이제 누구도 발을 들여놓지 않는 비무장지대
서리 맞은 무 같은 엄마가
무 구덩이를 파고 있다
움푹 팬 눈이 자꾸만 기어들고 있다
미리 파두는 걸까, 꼭 덜 마른 햇무덤 같다
　　　　　　　　　　　─〈겨울 밭에서〉 전문

　겨울 밭에 가서 보니 엄마가 무 구덩이를 파고 있다. 밭에는 바람이 부는데 아마도 비닐조각이나 허수아비 부서진 것 같은 것들이 펄럭이고 있는 모양인데, 그것이 시인의 눈에는 '바람의 망령들'처럼 보이기도 하고, '흰 만장처럼' 보이기도 하고, '바람의 목덜미를 죄는 검은 리본'으로 보이기도 하는 것이다. 겨울이다 보니 아무도 밭을 찾지 않는 것은 당연할 것이니 '비무장지대'나 다름없을 수밖에 없다. 그래서 비무장지대라고 아예 말해 버린다. 비무장지대라고 하는데 있어서 독자들이 공감대를 가질 수가 있을지에 대한 조심스런 생각들은 조금도 없는 것처럼 보인다. '미리 파 두는 걸까', 무엇을? 무 구덩이를? 아니면 무덤을? '서리 맞은 무 같은 엄마'가 파는 것은 실제로는 '무 구덩이'지만, ―무 구덩이는 무를 갈무리하는데 필요한 것이다. 그래서 사실은 무덤으로 상상하기에는 여러 가지 시적 변용이 필요하다. ―하지만, 여기서 윤 덕은 은연중에 무덤을 생각하게 만든다. 거기에 햇살이, 겨울 햇살이 비치니 햇무덤 같이 느껴지는 일일 것이다.

윤 덕의 시는 이렇다. 자기가 보고 느끼는 바를 그냥 그대로 적어 놓는다. 윤 덕은 시를 쓰면서 무엇을 의식하거나 무엇을 노리는 수를 쓰지 않는다. 시가 되었다고 누가 말을 하든 시가 안 되었다고 누가 말을 하든 그런 것은 안중에 없는 것으로 보인다. 그냥 자기가 보고 느낀 바를 자기 나름대로의 목소리로 적어 내고 있는 것이다.

자기 입의 몇 곱절 더미를 삼키는 아나콘다를 보고 있다

턱관절이 풀리고 몸통 요동치는 절규가 사방에 흩어진다

아나콘다 입은 뜨거운 생명의 산실

젊은 날 아나콘다 입처럼 강인한 아내의 깊은 자궁을 보았다

비늘처럼 반짝이는 땀방울 등허리 흘러내리는

잘려 나가는 젊음 마디마디 붉은 기운 배는 사이

사지를 뒤틀며

새벽하늘에 토해 놓은 두 개의 별

한여름 이겨낸 나팔꽃마냥 축 늘어진,

위대한 작위를 명명 받는 의식이었다

별빛에 목을 축이며, 그날 나선 길을 아직 걸어가고 있다

물안개 자욱한 시간의 늪을 횡단하는

그녀는 이제 늙어 가는 아나콘다이다

머리 비늘이 하얗게 센 아나콘다이다

지금도 남은 몸통의 여력으로

바람처럼 흩어지는 나를 돌돌 말아 죄고 있다
  　　　　　　　　　　　－〈아나콘다〉 전문

 아나콘다를 보고 아내를 떠올린다는 발상 자체가 결코 아름답지 못하다. 아내를 보고 아나콘다를 떠올렸다고 뒤집어 생각을 해도 형상화의 솜씨와 때에 따라 공감대를 형성할 수도 있었을 것이다. 이 글은 상상력에 있어서도 동물적 상상에 국한되고 있어 조금은 충격적이다. 한 편의 시가 친구들과의 술자리에서나 나눌 수 있는 이야기로 씌어져서는, 각박하게 살아가는 세상 사람들의 삶의 맛을 시가 돋울 수는 없을 것이다.
 내용을 간추리면, 지금은 늙어 가는 아나콘다 같은 아내가 새벽별 같은 아들 둘을 낳았는데, 젊은 날의 그때 모습의 아내가 지금 내가 보고 있는 아나콘다를 빼닮았다는 이야기다.

　보라색 칡꽃도 피우지 못하는 나무이다 잎 다 떨어져 나간 묵은 칡넝쿨이다
　남새밭 떨어진 별똥별을 담지 못하는 소쿠리이다

　지관地官은 소쿠리를 엎을 만한 터를 뒤적이고

나는 갈잎에 삭은 둥지를 줍는다
  온기 가신 빈 둥지 소쿠리를 닮았다 들여다보는 원형의 굽은 선로,
  알을 품었던 얼금얼금하게 삭은 시간의 올을 풀어내고

  연신 입질을 해대는 어둠의 혀, 그 혓바닥을 뽀드득뽀드득 밟으며
  새를 찾고
  패찰을 든 지관地官은 새 날아간 방향을 찾는다

  새 한 마리가 부고를 물어온다 안에는 다른 또 어미 새가 죽어 있다
―〈칡넝쿨〉전문

 패찰을 든 지관과 함께 '소쿠리를 엎을 만한 터'인 묘자리를 찾아 나선 것이다. 그런데 새의 빈 둥지를 발견하게 된다. 엎은 소쿠리 모습과 묘의 봉분과 새의 빈 둥지 모양을 상상해 보시라. 묘하게도 비슷한 생김새다. 때는 가을이라 잎도 다 떨어지고 보라색 칡꽃도 피우지 못하는 칡넝쿨에 얽혀 있는 새의 빈 둥지, 새는 어디로 날아갔을까? 그런데 느닷없이 부고를 물고 새가 날아온다. 또 다른 어미 새가 죽어 있는 것을 발견한다. 이 시는 묘자리를

보러 가서 생긴 일을 그냥 서술했는데, 칡넝쿨처럼 인생은 참 복잡다단하구나 하는, 이런 느낌의 이야기를 묘의 봉분과 소쿠리를 엎은 모양, 새의 집, 새가 물고 오는 부고(소식) 등의 이야기를 얽어서 적어 놓았다. 언어적인 면에서는 시적인 장치를 어디서도 발견할 수가 없으니 시가 아니어도 별 관계가 없다. 윤 덕은 시를 쓰면서 시라는 문학의 작품성을 전혀 의식하지 않고 그냥 쓰고 있음을 여기서도 엿볼 수 있다.

  좀 더 따져 보면 제목부터가 어떤 시적인 이미지를 던져주지 않고 있으며, 동원된 시를 구성하는 요소(소재)들이 어떤 유기적인 결합을 이루어 한 편의 작품으로 이루어지지는 못했음을 확인해 볼 수가 있다. 눈에 보이는 형상들이 한 편의 시에 녹아들지 못하고 그냥 생채로 제각기 제멋대로 놓여 있다. 하지만, 지금 내가 말하는 이런 문제들은 따져 보면 문학에 관한, 시에 관한 우리들의 고정관념에 다름 아닌 것이다. 말하자면 윤 덕의 시는 우리가 알고 있는 고정관념에서 벗어나 시를 쓰고 있음에 우리는 주목해볼 필요가 있을 것 같다. 한 편의 시란 사실이나 사물들이 언어라는 매개체로 결합하여 어떤 새로운 하나의 생명체로 탄생되는 유기체여야 한다고 알고 있는 사람들은 실망할지도 모른다. 우리가 시를 쓴다는 것은 평범하게 놓여 있는 사실이나 사물들을 어떤 특별한 상태나 형태로 부각시키는 일일 수 있다. 이럴 때 우리는 곧 문학 작품으로서의 한 편의 시를 이야기하는 것이다. 일상적이고 보편적인 상황이나 현실을 보다 특수한 형상으로 드러내는 일이 한 편의 시를 쓰는 일이라고 할 수 있다면 윤 덕의 시에서는 이런 일은 전혀 찾아 볼 수가 없을지도 모른다.

    말라붙은 파리똥에 고정된 눈빛 서서히 움직인다
    망막은 흐리고 조리개 기능도 다한 듯하다

    발가락에 앉았던 파리가 하얀 입술을 훑는, 허공을 훔치는 쇠한 숨소리
    의자에서 미끄러져 내리는 팔의 곡선미
    판박이들의 외로운 퍼포먼스

    허연 망막에 초점 잃은 영상들로 가득한
    자막도 없는
    한 편의 무성영화를 보고 있다

    갈수기 소류지처럼 말라가는 허리춤에서
    눅눅한 언어들이 굼질굼질 괴는 달팽이관에서
시간 멈춘
    풀풀 날리는 마른 꽃잎들

철커덩 철창문 여닫히는 소리에
툭 끊기는 인연을 질겅질겅 곱씹으며
요양원 뒤뜰에서
거미줄에 돌돌 말린 파리의 주검을 본다
　　　　　　　　―〈파리똥〉 전문

　우리가 시를 쓰는 것은 왜일까? 시인들마다 각기 사정이 다르겠지만, 시를 배우고 익힌 과정에서의 이야기대로 한다면 한 편의 시를 쓴다는 행위는 자기를, 자기가 하고자 하는 말을, 의미를 사건이나 사물의 입인 언어를 빌어 의사를 전달하려 하는 것이라 할 수 있을 것이다. 이런 원초적인 시의 창작 원리에 입각해서 시를 쓰는 시인들이 대부분의 시인들일 것이다.
　그런데 시인이 쓰는 시와 일반인이 쓰는 시 같은 시와는 다름을 눈이 밝은 독자들은 금방 알 수가 있게 된다. 결국 시란, 어떤 한마디로 요약해서 '이런 것이다'라고 정의를 하기는 어려울 수도 있지만, 발표된 하나의 작품을 보고는 이게 이것보다는 더 시적이다 또는 더 나은 시다라는 생각은 우리가 할 수 있다는 것이다.
　〈파리똥〉이란 시에서도 윤 덕은 자기가 보면서 느끼는 느낌을 시적인 장치와는 별 상관없이 그냥 써 놓은 것으로 보인다. 그래서 읽는 사람들은 잠시

혼란스럽기도 할 것 같다. 시라는 고정관념을 우리가 갖고 있어서이기보다는 도대체 무슨 말을 하고 있는지를 헛갈리게 할 정도다. 각각의 연들이 〈파리똥〉이라는 제목 안에 다 담기지가 않는 것으로 읽힌다. 전체가 다섯 개의 연으로 구성된 시가 제목을 중심으로 연결고리가 그렇게 튼튼해 보이지가 않는다. 이 시는 '요양원 뒤뜰에서/ 거미줄에 돌돌 말린 파리의 주검'을 보고 생각해낸, 저 파리가 살았을 적에 보았을 '자막도 없는/ 한 편의 무성영화' 같은 세상 풍경(요양원)을 적은 것이다. 한 편의 시로서 갖추어야 할 보편성을 획득했다고 보기에는 여러 가지 모자라는 점들이 있다고 여겨진다. 그런데도 다 읽고 나면, 시를 쓴 사람이 무슨 이야기를 하고 싶었는가는 우리가 조금은 느낄 수가 있다. 여기에 윤 덕의 시는 있다. 윤 덕의 시는 대체로 이렇다.

 윤 덕은 좋은 시를 많이 써서 소위 잘나가는 시인으로 대접을 받고 있는 사람은 아니다. 시 공부를 잘해서 시를 가지고 밥을 먹으며 세상 사람들로부터 시인으로 대접을 받으며 살아가는 사람도 아직은 아니다. 다만 시가 이런 것은 아닐까! 이런 것들도 시가 되는 것은 아닐까! 하는 심정으로 생활의 소회를 기록하고 갈무리해 오다가 어느 날 시인이 되었고, 이제는 두 번째의 시집을 묶으면서 그동안에 있었던 삶의 기록들을 다시 한 번 정리하고자 하는, 그야말로 보통사람이다. 사람이 태어나 한세상을 살아가면서 보고 느끼는 자잘한 일상들을, 자신이 살아가는 모습들을, 한 편의 시로 써내는 일은 그렇게 쉬운 일도 아니고, 한 편의 시로 써보고자 애쓰는 일도 그렇게 흔한 일은 아니다.

  윤 덕 시인의 두 번째 시집 상재를 축하하며 이 글이 윤 덕 시인의 시를 읽는데 조금이나마 도움이 되기를 바란다. 아무쪼록 좋은 결실이 있기를 바라는 마음은 나로서는 누구보다도 간절하다. *

나는 꿈을 꾸지 않는다

발행 ㅣ 2013년 11월 11일
지은이 ㅣ 윤 덕
펴낸이 ㅣ 김명덕
펴낸곳 ㅣ 한강출판사
홈페이지 ㅣ www.mhspace.co.kr
등록 ㅣ 1988년 1월 15일(제8-39호)
주소 ㅣ 서울시 종로구 인사동 131번지 파고다빌딩 408호
전화 735-4257, 734-4283   팩스 739-4285

값 10,000원

ISBN 978-89-5794-267-3 04810
ISBN 978-89-88440-00-1 (세트)

※저자와의 협약에 의해 인지는 생략합니다.
※잘못된 책은 바꾸어 드립니다.